AF366997

(DES)PEINADA

ExLibric

ARI URBANO

(DES)PEINADA

EXLIBRIC

ANTEQUERA 2021

ARI URBANO

(DES)PEINADA

A quienes siempre estuvieron ahí y no los supe valorar.
A quienes abrí la puerta y juntos derrumbamos paredes.
A quienes creyeron en mí cuando estaba en una nueva construcción.

Prólogo

A veces, devorarse no calma el hambre. Por esa razón me descubrí ante un papel en blanco, para que las palabras dibujaran mis agitados pensamientos.

Hubo un tiempo en que me atormentaba tropezar una y otra vez, y parecía que solo importaba lo rápido que era capaz de levantarme, pero a veces permanecer en el suelo te hace vislumbrar el mundo desde otra perspectiva. Creo que caemos, no por las rocas que nos encontramos, sino porque educaron a nuestras piernas a permanecer rígidas.

¿Y sabes qué? No todos tenemos que construir un mismo camino, que en este mundo hay un inmenso océano donde no hay piedras con las que entretenernos. Y allí, al límite del horizonte, donde no tengas arena bajo tus pies para amarrarte, será lo más parecido a volar; tus piernas libres bailarán y podrán suplicarte no volver a caminar.

Descubre nuevos rumbos, porque quien se pierde tiene la oportunidad de encontrarse, porque esta vez visualizar tierra no tiene por qué ser tu salvación.

YO

Despeinada

Ayer aprendí a peinarme el pelo de esperanza,
desenredando nudos de mi futuro.
Utilizaré guantes en verano
y escalaré pozos hasta la cima.
Buscaré respuestas en el exterior
aunque no existan respuestas correctas.
Puede ser que todo resida en mi interior.
Puede ser que tan solo existan
espejos que reflejan.
Puede ser que todo lo que hay de mí aquí dentro,
se expresa en vosotros ahí fuera.
Puede ser que mi mirada
proyecte sombras,
cuales se alimentan de emociones reprimidas
que invaden mi cuerpo
encerradas en carreteras viejas.

Peinada

Bailo sola,
escucho silenciosa,
nado debajo de las olas,
respiro color verde,
miro horizontes,
dibujo océanos,
perfilo abandonos,
curo mi piel
y escribo para anestesiarme.

SECO

El loco vibrar de mis talones
sale de la nada de mi ser.
Sepulto mi cabeza.
Busco corazones puros
para no saber que estoy sola.
Amo el amor, porque amo
todo amor que ama ser amado.
Sucumbo atrozmente.
Nado en contra de mis lágrimas.
Suspiro enredada.
Voz que hierve mis entrañas
y cree que calma mi alma.
Odiosos, tormentosos y cantarines sentimientos,
aleja de mí tanto sufrimiento.

HÚMEDO

Bosque de susurrantes secretos
que crujen tus ramas,
serena mis pies inquietos
con tu colchón de hojas secas en calma,
que necesito echar raíces
para alimentar mi alma.
Da cobijo de nuevo a mis húmedos labios
que se sienten solos
y necesitan de ardientes rayos de sol
que escondes tras tus frondosas escamas,
para que broten frutas dentro de mí
y aporten dulzura a mis silenciosas mañanas.

ÁSPERO

Hoy mi corazón rebosa de dolor,
por eso busco una ola,
una ola en la que subirme
y romper mis penas;
una voz que sacie mi sed;
un aspirador que sople toneladas de amor;
unos prismáticos que me lleven lejos
y una canción que baile con mis complejos.

SUAVE

Retazos de una vida deshilachada
que no tenía guion.
Hilos sueltos tejieron sueños
que soplando nubes
deshicieron tarros herméticos de indecisión.
Hoy vuelo con plumas de algodón
y pinto el futuro con escenarios sin telón.

SOLA EN MI SOLEDAD

Ser paciente me desespera.
La calma en mi soledad me da terror,
porque creo que no me conozco.
A veces busco el botón de stop de mi vida,
pero no quiero encontrarlo.
Me siento débil porque mis ojos no lloran.
Los abrazos no me calman
y a veces el cariño que me dan no me sacia.
¿Qué me duele?
¿El alma?
¿La razón?
¿El corazón?
¿O hay algo más que golpea mis entrañas?

CRECIENDO EN MI SOLEDAD

Un nudo en mi mente me anestesia
y no me deja pensar.
Acudo a mi intuición y me grita cosas
que no quiero escuchar.
Recurro a mi corazón
y sus compases tristes martillean mi pesar.
Sola en mi soledad, sola, sola.
No entiendo de melodramas,
y mi razón nunca manda.
Sí, por fin llegó el día de bajar
a las catacumbas de mi ser.
Golpea.
¡Golpea fuerte, joder!
Siente lo que sea para saber
que sigues estando viva.
Desenfrena y cubre tu vida
con notas de fluidez.
No dejes entrar más desorden
en esta escurridiza calma,
sino vigorosas emociones
y risueñas sensaciones.

SAL

5 g de bicarbonato
hicieron efervescencia en mi mirada,
que lloró treinta gotas de limón,
escociendo mi sonrisa escamada.

15 g de jengibre
empolvaron mi voz,
que amargó mi saliva,
aderezando vinagre
para irritar mi canción.

150 g de harina
rebozó mi corazón,
que bombeó un litro de zumo de pomelo,
ahogando mi sangre
y produciendo un estrepitoso dolor.

AZÚCAR

250 g de extrema sensibilidad
150 g de sarcasmo en polvo
125 g de soñadora
100 g de cariñosa
50 g de curiosidad
½ l de zumo de despistada
Un vaso de indecisión
Media intensidad fresca
Un sobre de creatividad
Una cucharada sopera de tozudez y orgullo
Una cucharadita de impaciencia
Cinco gotas de autocontrol
Ralladura de perezosa
Una pizca de locura
Y para decorar,
espolvorear dulzura glass.

LIJA

Sigilosos (~~pensamientos~~) monstruos
tallan mi mente.
Anclados profundamente,
se acomodan en mi subconsciente.
Sus pisadas crean surcos
que me hacen tropezar,
desequilibrando mis pasos.
Soy víctima de mi propia realidad,
¿me sentiré con fuerza para poderlo afrontar?

¿Cómo lo haré,
si no encuentro instrumentos
para fabricar polifacéticas herramientas
y reaccionar ante emociones adictivas
que se esconden en mi cabeza?

ALGODÓN

Todo cambió cuando descubrí
que el miedo y el apego
se acomodaban tras un edredón blanco
que arropaba mi interior.
Mi esperanza aportó calor
para destapar todas las capas de mi mente.
Con decisión, mi razón habló con mi corazón.
Juntos decidieron coser dos lazos al edredón
para fabricar una capa.
Así me convertí en heroína,
no para volar,
no para salvar a la humanidad,
sino para salvarme a mí misma
pintando de nuevo mi alma descolorida.

DESTEÑIR

Mis lágrimas siguen escociendo en mis cortes,
porque aún no han salido océanos por mis ojos
para diluir puñales del pasado.
Sigo buscando nuevos ingredientes
para cocinar deliciosas palabras agridulces,
porque el mundo es salado y mi corazón azucarado.
Ahora el miedo a abrasarme me atormenta,
porque en esta receta hay que hervir
grandes cantidades de agua,
pudiendo diluir mi piel y decolorar mi alma.

COLOREAR

Nada me resultó más difícil
que empezar a quererme.
Entonces (des)aprendí a conocerme
y a liberar palabras oxidadas
barnizándolas con arte.
Un viernes cualquiera
me desvestí delante del espejo
y vislumbré que ya no era un folio desnudo:
mis márgenes estaban guillotinados
y mis bordes (des)gastados.

El pincel que decora mi vida de emociones
estaba ahogado de color;
sucio y triste, sólo pintaba oscuridad
en una pequeña habitación.
Por eso, necesité litros de agua tibia
para limpiar cada una de sus esquinas.
Observé en mis paredes que mis antiguos amores
habían trazado colores satinados,
y sorprendida descubrí que no sabían combinar
con mis latidos desacompasados.

Así que localicé otro refugio
y dibujé un mar en mi boca.
Aunque la sal ha erosionado poesía en mi pecho,
ha brotado una nueva vida que comienza a rimar,
buscando en ella compases
para que mis latidos aprendan a bailar.

Barra espaciadora

Mecanografié un rincón de sueños en la pared,
donde las palabras daban sentido a mis heridas.

Mi ego cazó algunas sílabas
para domarlas en jaulas vacías.

Y un golpe doloroso de críticas
hizo ruinas el extenso muro de letras
cargadas de fantasías.

Intro

Dos puntos de separación me arrastraron
a punto y coma de melancolía.
Entre dos signos de interrogación
buscaba una admiración de alegría.
Pasaron los días y no podía sacar
ni una tímida sonrisa entre comillas,
porque una tilde de recuerdos
me halló entre diéresis escondida.
Ahora una nostalgia salvaje me arrastra
a puntos suspensivos,
y aunque entre paréntesis el dolor me apuñale,
debo añadir un punto y aparte
para encontrarme.

DESORDEN

¿Cómo voy a encontrar calma,
cuando mis pinceles me gritan
que peine sus cabellos enredados;
mi pequeño y frágil cactus
pide atención y cariño desesperado;
mis libretas brotan en silencio recuerdos desgastados,
y mis sábanas lloran por mi corazón desordenado?

ORDEN

Yo sólo quiero deshacer mi velocidad.
Yo sólo quiero desenterrar mi debilidad.
Yo solo quiero desdibujar mi identidad.
Yo sólo quiero fuego para acariciar mi frialdad.
Yo sólo quiero herramientas para demoler
la jaula de mi soledad.

PASADO

Esperé un marzo sutil,
abrigado con notas de humor,
olores a limón y sal,
caricias de frágiles rayos de sol
y abandonados pétalos blancos
para mis pies descalzos.
Pero inesperadamente
marzo empapó
mis calcetines,
mi paraguas,
mi corazón
y mi abrigo.

FUTURO

No estoy para ti,
no me busques.
Estaré simplemente para mí,
construyendo un barco de papel
para navegar a las profundidades
de mis entrañas.
Tripularé a través de silencios olvidados
que un día se escondieron por la vorágine del ruido.
Recogeré marañas de adverbios temporales
que pasaron tímidos e inadvertidos.
Y desempolvaré semillas
que evité rociar por miedo al frío.

ESTRUENDO

Descubrí que lo más terrible
de algunos recuerdos
son los silencios de las imágenes
que habitan en mi mente,
convirtiéndose en una orquesta estrepitosa dentro de mi cuerpo,
sintiendo que la melancolía golpea en mi pecho,
la tristeza susurra cerca de mi corazón,
y la desidia ruge en mi vientre.

SIGILO

Pido al silencio que cuide de mi hoja en blanco,
pido al tiempo que rompa su silencio,
pido al arte que no tenga miedo al tiempo,
pido a mi hoja en blanco enamorarse del arte.
Pido al arte enamorarse de mi hoja en blanco,
pido al tiempo que no tenga miedo al arte,
pido al silencio que rompa el tiempo,
pido a mi hoja en blanco que cuide del silencio.

YO^2

36

En mí…
estruendo,
tormenta.
Tan solo…
(paz)iencia.

Sálvame
del laberinto de mi mente,
que me (a)tormenta
y me cala estrepitosamente.

Soy una desequilibrada,
concédeme tiempo
para ser exquisitamente imperfecta.

Mis pasos visten cicatrices
de los cristales de mi corazón.

                              Lamo mis lágrimas
                  con mis perturbadas pestañas.
                  Para disimular mi tristeza,
                  maquillo brillo en mi mirada.

Nunca nadie me enseñó a observar mi reflejo.
Por eso, cuando me miro en el espejo,
sólo veo recuerdos,
y soy incapaz de crear una imagen a tiempo.

Me refugié tanto en las nubes,
que ya no sé a qué huele la tierra.

Me lavé la cara con recuerdos rotos.
¿Qué aprendí de ello?
Que lo fracturado corta y duele.

Llegué tarde para no encontrar recuerdos
y comprender que el presente
necesitaba zapatos nuevos.

La tormenta me empapó,
pero un jardín ha brotado
en mi interior.

Si quieres encontrarme,
descálzate.
Estoy regando el jardín.

Camino descalza
hacia otra nueva dirección,
y aunque esta vez las brasas están apagadas,
siguen dejando huella.

Ya no existen puertos en mi mundo,
porque mi hogar es la deriva.

Y até una venda a cada uno mis pies
para que anduvieran sin miedo
hacia caminos desconocidos.

El miedo siempre estará presente,
pero yo he decidido mudarme
a la casa de enfrente.

Abracé mi soledad
y estuve encantada de conocerme.

Y el silencio
me brindó otra oportunidad.

Balanceé mi caos,
y mis piernas crecieron para migrar más lejos.

Cuando lo más bello florece,
mis ojos y mi pelo se aclaran,
y mi piel se oscurece.

Busqué una rama donde habitar,
porque allí estoy más cerca de mis sueños.

Todos los días
abro las ventanas de mi ciudad,
invitando al cierzo a danzar
con mis hiperactivos pensamientos.

TÚ

¡Enséñame a llover!
Y si no, llórame y riega mi desértico cuerpo.

Quiero permanecer a tu lado
y sostener tus fugaces sonrisas con mis manos.

Te permito que barras mi sonrisa con tus besos
y pintes nuevas carcajadas en mi vida.

(~~Arrópame~~) Tatúame con tus besos
todas las mañanas frías de invierno.

Qué bonita casualidad,
tú agua y yo aire,
para crear nuevos tifones.

Hagamos de tus pestañas literatura,
de tus huesos armaduras,
y con tu amor infinidad de locuras.

Pegaste plumas en mi corazón,
y ahora bombea a libertad.

Besaste la comisura de mis ojos
y pintaste de color amor
mis lágrimas de color roto.

Tú me has agitado e impulsado
para volar sin alas,
porque has soplado mi corazón
con el tacto de tu mirada.

Quisiera arropar vientos
que almacenasen recuerdos,
y poder soltar en ellos palabras
que un día me regalaste.
Después tirarlas a un mar en calma
para que aprendieran a nadar,
y que cuando un temporal
las arrastrase a la deriva,
nunca se ahogasen.

TU OTRA MITAD

¿Por qué no sigues dando cuerda a mi locura,
cuando los dos vivimos en una hermosa tortura?

¿Por qué sólo puedes darme
la más bella de las miradas mientras duermes?

¿Por qué conformarme con tu indiferencia,
si tu mirada me chilla que te muerda?

50

No seas tan tedioso,
no sigas alimentando mi corazón roto.

Aunque esté sedienta,
ya no beberé el mundo en tu boca.

Dejé de pensarte,
porque mis labios ya no suplican tocarte.

Mi alma seca ya no tiene lágrimas para llorarte,
porque me regaste seis meses
y luego me abandonaste.

Tu amor me ha balanceado tanto
que ya no sé qué es mejor:
si viajar en tangente o en paralelo.

Te presté mis zapatos para mostrarte mis sueños,
y los encontré debajo de mi cama llenos de barro.

52

Desnudaste mi corazón
cuando todavía era invierno.

Me lancé a tus brazos
sin mirar los obstáculos.

Ya no me ruborizas,
ya no me utilizas.

Cuando hablaste tinta,
mi estómago se convirtió en tintero.

La tinta vació mi corazón
cuando posé en papel todas tus heridas.

Aún sigo digiriendo
palabras que nunca te dije.

Hiciste de mi vida un ovillo
para que cupiera en la palma de tus manos.

Me sobran razones para quererte,
pero un millón para encontrarme.

Si miro un futuro contigo,
sólo puedo visualizar un loco
practicando una autopsia a mi corazón inmaduro.

Tu sonrisa me cautivó,
pero tus colmillos me graparon y marcaron ferozmente;
esa cicatriz la guardaré para siempre.

Y en lo que fueron nuestras heridas
siempre habrá una cicatriz donde nos encontremos
y hablen nuestros silencios,
escondidos de palabras que se lleva el viento.

Dulce sonrisa, agridulces bailes, amargos besos,
saladas lágrimas, agria despedida.

ÉL

Cuando te cruzaste en mi camino,
los vacíos besaban la comisura de mi almohada,
mi cuerpo olía a sed
y mi balsa navegaba a la deriva.

Tú estabas tan marchito
que quisiste compartir tu desierto conmigo.
Yo estaba tan perdida dentro de mí
que no fui consciente de todas tus heridas.

Te vi llorar el mundo por la boca,
el miedo por los ojos
y la soledad por los pies.
Te vi caer marchito y derrotado,
y por eso intenté dibujar calma en tu sonrisa desterrada
y abrazar tus heridas para que suspiraran esperanza.

Busqué mi balsa para rescatarte,
pero agoté el fuel navegando
a contracorriente de tus fuertes oleajes.
Mojada y fatigada de temporales convulsos,
me dejaste rota y desnuda.

Ahora estoy aprendiendo a navegar sola sin fuel.
Ya no me importa que la humedad
sea dolorosa y nostálgica.

Pensamientos que quemaban mi mente
imploraban agua de los pozos de tu dulzura.
Pero una sirena no puede vivir eternamente
en una inmensa llanura.

Me dejabas sedienta de amor
para que me asomara a los pozos de tu locura,
y me castigabas con tus lágrimas saladas
para que arropara tu amargura.

Se han oxidado las cadenas de mi alegría,
porque has agotado mi perfumada
carga de gasolina.

Se han averiado mis lágrimas,
porque te has bebido
cada uno de mis océanos.

Vacía, ahogada, así me dejaste.
Rasgada, fatigada, así me abandonaste.

¿Por qué un instante contigo
puede ser un regalo o un castigo?

¿Por qué mi mente dispararía adjetivos hasta matarte,
pero mi corazón encontraría verbos para salvarte?

¿Por qué en un mismo verso mis manos
quieren escribir para cabalgar hasta tus huesos,
pero mis pies desearían huir desbocados sin regreso?

¿Por qué nuestra ecuación exacta
evolucionó a una división inexacta por exceso?

Risueña, y tú me miras.
RisueñA, y tú me sigues.
RiSuEñA, y tú me alcanzas.
RISUEÑA, y tú me atrapas,
y poco a poco
me destrozas.

Destrozada, y tú no sientes.
DestrozadA, y tú no sufres.
DeStRoZaDa, y tú me ignoras.
DESTROZADA, y tú huyes
y me abandonas.

Risueña, y tú me miras.
RisueñA, y tú me sigues.
RiSuEñA, y tú me alcanzas.
RISUEÑA, y tú me atrapas,
y poco a poco
me destrozas.

Destrozada […]

He olvidado su olor
y eso me rompe,
porque ese recuerdo no puedo guardarlo
ni en un cajón,
ni en un frasco,
ni en sobre.

Sé que no me convienes,
pero no sé si habrá manos
que horneen mejor
mi dulce cuerpo,
ni abrazos
que arropen mejor
mis sentimientos.

Hay tanto dolor dentro de mí
que sólo deseo alejarme,
y, aun así,
mis labios querrían volver a tocarte.

Tus esbeltos dedos
desprendían magia sobre mi alma,
para curarla de las heridas
de tus sutiles palabras.

Tus piernas infinitas
bailaban con mi locura,
pero tus labios eran astillas
directas al corazón como tortura.

Tu penetrante mirada
me mecía embelesada,
para esquivar las balas
que disparaba tu voz alborotada.

Y no…
ya no me daña tu lenguaje,
pero me sigue magullando
tu hedonismo salvaje.

Tus nubes descargaron llantos inesperados
empapando la cama de nuestra habitación.
Ahogándome en tus pensamientos,
un arpón envenenado alcanzó
la dulzura de mi respiración.

Aunque te empeñes en recopilar leña
para reavivar nuestra desinhibida
y excitante pasión,
mi cuerpo tiembla de frío,
porque tu pasado atormentado
tocó mi corazón.

Nunca más secarás mi cuerpo,
porque nuestro amor
ha naufragado en las profundidades
de mi desordenado cajón,
donde juega al escondite
con mi desilusión.

Dame espacio para deshacerme,
porque tengo sed y necesito beberme.

64

He buceado en tu mente
y me he ahogado.
Olvidé el oxígeno en la orilla.
He acariciado tu corazón
y me he quemado.
Olvidé el extintor en la mesilla.

Y mi vida se derritió,
me enamoré del sol
y el sol me abandonó,
poniendo fin a un cálido
y atormentado amor,
porque en mí ya no le quedaba
lluvia para sofocarse,
ni granizo para mitigarse.

Sopla y limpia mis pestañas,
que no quieren ser cómplices
de este dolor que abraza mis lágrimas.

Sopla y evapora mis lágrimas,
que riegan perennes
mis mejillas encharcadas.

Sopla y ventila mis mejillas,
que viven ahogadas,
porque me han abandonado
los besos que hervían mi alma.

¡Sopla! Sopla fuerte,
que quiero volar alto
y arrancar las raíces que me anclan
al asfalto de tu mente.

Mi aliento quiso secar tus ramas húmedas
que se empapaban de tormentas invernales.
Quise drenar cada gota de tu delicada corteza
y arrancar cerca de ti malezas.

Pero decidiste separarme de tu lado,
porque mi respiración cálida era en vano,
ya que no permitía que brotasen en ti hojas
que diesen sombra a tus sofocantes veranos.

Me rompiste el corazón
cuando hablabas y no me observabas,
cuando tus ojos perdidos
ya no encontraban refugio en mi mirada.
Ese último beso ya no significó nada.

No estuve preparada cuando marchaste,
pero menos aún
cuando me embestiste
con una oleada de corrientes cálidas
que me azotaron y agrietaron los muros de cristal
que había construido para mantenerme lejos
de tu invierno enfurecido.

Yo continuaba tapándome con mantas de lana
para drenar la escarcha
que dejaste rebosando
en mis nostálgicas manos.

Te conozco,
y sé que volverás a traer temporales gélidos a mi vida,
y volverá a hacer demasiado frío.
Por fin decidí no volver a arroparme.
Aléjate, no quiero volver a devorarme.

Fuiste el francotirador
que atravesó mi brújula
debilitando la circulación de mi sangre.

Quisiste llenarme de un nuevo lubricante,
pero eso nunca funcionó,
porque el disparo dejó
un hueco incurable en mi corazón.

Cuando decidí cruzar nadando a mi corazón,
tu inesperada tormenta
se derrumbó y casi me ahoga.

Ahora no puedo dormir,
porque la humedad me arrolla.

Aun así, prefiero seguir navegando
y arroparme sola,
ya no te concedo evaporar mi zozobra.

72

Tus llantos echan de menos
mis extrovertidos ojos.
Ligeras lágrimas caen y se acurrucan
junto a tu triste sonrisa,
la cual se siente abandonada
por tus colmillos enloquecidos,
que masticaban nuestra pasión inadvertidos.
Estos buscan ahora olvido en tu inesperada debilidad,
porque tu odio se atormenta
y tu amor desgastado
se estrella contra tu poca paciencia.

Sólo quise flotar en tus oleajes,
porque era excitante y divertido
jugar con el equilibrio.
Pero me arrastraste a las profundidades de tu océano
para enseñarme la belleza de tu oscuridad,
aunque sólo conseguí vislumbrar
tu egocentrismo indomable.

74

Te llevaste todos mis amaneceres
cuando me dejaste,
y mis noches son más oscuras que nunca.
Pero, aun así, no pierdo la esperanza
de conquistar la más alta de las montañas
y vislumbrar un nuevo horizonte.

75

Lo que más me duele de tu partida
no es mi corazón roto,
es que me robaste la luz
con la que iluminas una nueva vida.

76

Mis lágrimas desordenadas
necesitan decirte definitivamente adiós.
Ellas quieren aprender a bailar solas.

Y aunque nos duela y odiemos las despedidas,
siempre estarás aquí, en mi poesía,
llenándome de este gran regalo
que desprende(s) de mis manos.

ELLA

(L.P.)
Ella,
fugaz brisa fresca,
huracán desbocado,
sueños satinados.

Ella,
esencia de primavera,
adrenalina constante,
destello incesante.

Ella,
silenciosa sirena de bañeras frías,
espumas y velas,
donde bucea y cura sus entrañas
que golpean nostalgia
porque siempre entrega toda su alma.

Ella,
domadora de lágrimas,
mecedora de revoltosas tristezas enfrascadas,
embelesa con su olor a misterio,
porque colecciona miradas arrebatadas.

A Ella
la miro fascinada,
porque amo su personalidad apasionada.
Sólo deseo que me deje pintar canciones
con sus antónimos sentimientos,
para que dancemos juntas
por felices caminos turbulentos.

(L.P.)
No busques, sólo encuentra.
No camines, sólo vuela.
No quieras, sólo ama.
No seas igual a todos, sólo diferente,
loca, divertida y soñadora.

Si la vida te da sufrimiento,
conviértelo en arte.
Si la vida te da alegría,
ríe a carcajadas.
Si la vida te da amor,
exprímelo y disfruta de su dulce frescor.

(L.M.)
Hermosa liebre blanca
de montañas cristalinas,
quien busca libertad y amor puro
entre refugios de espinas.

Escucha a tu espíritu valiente
y encuentra un nuevo camino
lejos de cazadores que quieran alimentarse
de tu delicioso destino.

Y sí, las espinas siempre estarán presentes,
pero la vida se disfraza de un continuo aprendizaje,
donde evolucionar rima con ligero equipaje.

Sólo has de escuchar, sentir y perdonar
para mantener la distancia correcta
entre el corazón y la mente,
los cuales te destruirán o te mecerán dulcemente.

Y aunque la luz te ciegue,
ahí se oculta la claridad,
porque dentro de tu alma
siempre te guiará un brillo en la oscuridad.

Permíteme empujarte.
Coge aire y sumérgete,
bucea en tu pasión cada día,
y entonces empezarás a brotar,
porque estarás regando tu escurridiza alegría.

(I)
Alma bella, luminosa y frágil,
bailarina entre ovillos de lana
y costurera de corazones rotos.
No dejes que astillen tu pincel desmelenado
y riega tus trazos para dar lumbre
a tu potencial revoltoso y alocado.

Danza libre y risueña,
salta desde trampolines olvidados
y crea recuerdos que dejen huella,
porque el rumbo es arrítmico
y tú su capitana.

No te empeñes en secar tus charcos,
que ellos son el refugio de tu hermosa dama.
Así que, bucea hondo y plasma.
¿Por qué tenerle miedo a un lienzo en blanco,
cuando tu corazón destella arte
a través de tu mirada?

(B)
Eres mi adrenalina permanente,
mi reloj incesante,
mi amiga paciente,
mi hermana alegre, sensible y valiente.
Me dijiste que no me soltarás de la mano,
yo te digo que volaré sin paracaídas a tu lado.

(A)
Una sonrisa de primavera
invadió mis ojos cuando te vi llegar;
un huracán de frío invernal
me sacudió cuando me dijiste que te vas.
Pero siempre volarás cerca,
porque mi corazón siempre será tu hogar.

ELLO

SINTAXIS EMOCIONAL

(Yo)	quiero	encontrar	a	alguien	que	sea
SOLEDAD	DESEO	MIEDO	TÚ	FRUSTRACIÓN	INCERTIDUMBRE	ENSOÑACIÓN

SUJETO OMITIDO / PREDICADO VERBAL

mi	media	naranja
EGOISMO	DESVALORIZACIÓN	DESCONOCIDO

PREDICADO VERBAL

Yo	soy	mi	propia	
BÚSQUEDA	AUTOESTIMA	APRENDIZAJE/ IDENTIDAD	AMOR	CREATIVIDAD

SUJETO / PREDICADO VERBAL

¡Encontrémonos y saquémonos jugo!

INCERTIDUMBRE

-Todo depende de los pensamientos con los que mires-

*I*nspiración	*I*rritación
*N*ovedad	*N*egación
*C*ambio	*C*arga
*E*xcitación	*E*nojo
*R*eto	*R*igidez
*T*iempo	*T*ensión
*I*lusión	*I*mpaciencia
*D*uda	*D*isgusto
*U*mbral	*U*rgencia
*M*otivación	*M*iedo
*B*úsqueda	*B*ruma
*R*iesgo	*R*echazo
*E*spontaneidad	*E*stremecimiento

SOPA DE LETRAS

Máscaras de heridas emocionales

R	O	D	A	L	O	R	T	N	O	C
R	I	O	N	S	A	R	I	C	F	E
A	M	B	A	Q	N	I	F	C	A	H
O	A	I	R	R	P	O	E	D	U	O
T	S	R	I	I	O	D	A	I	O	G
A	O	C	D	G	L	H	D	U	Q	A
L	Q	O	D	I	O	I	U	L	I	R
A	U	C	I	D	Z	L	A	O	G	A
S	I	E	S	O	A	L	A	C	I	Z
O	S	I	N	A	G	U	S	A	N	L
D	T	P	E	N	D	I	E	N	T	E
I	A	S	E	S	A	C	I	L	L	O
Q	M	E	R	U	H	O	L	G	I	S
D	E	P	E	N	D	I	E	N	T	E

- Quien te abre los brazos con los ojos cerrados y espera ver a través de los tuyos. (DEPENDIENTE)
- Quien pisa tus huellas para moldear tu rastro en sus pasos. (CONTROLADOR)
- Quien nunca te abrió su puerta porque en su mundo no existen los pomos. (RÍGIDO)
- Quien te abrió su puerta, pero nunca compartirá su preciada llave contigo. (HUIDIZO)
- Quien en soledad se alimenta de su caos que incontrolablemente odia o ama. (MASOQUISTA)

NOSOTROS

Concédeme un segundo,
concédeme una segunda eternidad.

Amarra velas,
eso te permitirá ver nuevas estrellas.

Ninguna deriva te dará la libertad que necesitas
si tu soledad no es tu mejor compañera de viaje.

Cambié los ingredientes;
ahora mi mirada es más dulce.

Desdibuja viejos recuerdos
y fotografía nuevos amaneceres.
Acércate a quien desprenda tu misma luz
para perseguir las mismas estrellas.

Nada tiene explicación
y todo tiene un por qué.

Creemos andar seguros por un camino recto,
sin darnos cuenta de que el sendero de nuestra vida
es una espiral.

Arriésgate y crea nuevos destinos,
puede ser que en la oscuridad del camino
encuentres la más bonita de las estrellas.

No te empeñes en cortar tu tronco,
calzas unas ramas muy bonitas.

Dime qué clase de herida sangras,
y te diré qué clase de persona eres.

Si tapas tus errores con tus manos,
no podrás aferrar nuevos aprendizajes.

Nunca permitas que un abrazo
te cale hasta los huesos,
porque remolcarás todos sus miedos.

Hay un momento,
un instante,
en el que sentirás un amor infinitamente intenso;
cuando seas consciente de que ha huido
definitivamente de tu vida.

Nadie se pregunta por qué las estaciones del año
cambian sus ropajes cada temporada.
Pero sí nos tortura que el amor
transforme su atuendo con el paso del tiempo.

No te empeñes en comprar velas
para dar luz a tu sombría vida,
desempolva tu alma y da voz a tus heridas.

Mis ruinas
son tus ruinas,
se construyeron
con las mismas piedras.

Sólo sabrás que de verdad has (sanado) perdonado el pasado,
cuando alguien te vuelva a disparar
y no recuerdes el dolor de aquel otro impacto.

Hay un instinto ciego que no te deja mirar,
porque si desvías tus pasos, dolerá,
y preferirás seguir aferrándote a tu daltónica realidad.

Pensamos que las heridas más profundas
vienen de quienes nos hacen daño,
pero siempre serán más oscuras y dolorosas,
las que alimentamos nosotros mismos.

Al comienzo,
el amor nos golpea tan fuerte
que nos deja K.O.
Pero cuando despertamos y nos levantamos
debemos reinventarlo,
porque lo que existía hasta entonces
era sólo un gran anhelo.

Nuestro cuerpo
olvida los golpes para volver a enamorarse.
Volvemos a subir al ring
pensando que esta vez
hemos aprendido a esquivarlos.
Pero en cada combate siempre hay alguien
que es más ágil y golpea más fuerte,
hasta que al fin noquea al otro.
¿Quieres seguir jugando?

Si tus amores del pasado
fueron de ciencia ficción,
haz que los del futuro
sean de cine de autor.
Seguro que tienes mucho talento;
escribe tu propio guion.

A veces,
hay que tomar decisiones
que agrietan el corazón
pero que serenan el alma.
Después no olvides desenredar
tu ovillo de lana,
para puntear las heridas
que han quedado marcadas.

Lleva siempre un pincel guardado en tu equipaje
para colorear las piedras con las que tropieces
en el trayecto de tu largo viaje,
y cuando mires hacia atrás,
puedas vislumbrar un bello paisaje.

TÚ ELIGES,
ser una flor seca impávida al paso del tiempo,
o ser una flor silvestre,
acariciadas por románticos rayos de sol,
besos de vientos salvajes
y recuerdos de lluvia sin equipaje.
Una nos da tranquilidad y sosiego,
la otra podría ser alcanzada por el devorador fuego,
TÚ ELIGES.

A todos nos gustaría volar,
pero antes de planear hay que batir las alas.
Hacia abajo el viento estará a tu favor,
pero hacia arriba,
con tu peso y tus miedos cargarás,
y eso no todo el mundo
lo está dispuesto a soportar…
Sé valiente y lánzate
para que ahora el cielo sea tu hogar.

Buscar para no encontrar,
Encontrar para no sentir,
Sentir para no volver,
Volver para no amar,
Amar para (no) vivir.

Susurrante vida.
Susurrantes sueños.
Susurrantes miedos.
Susurrantes silencios.
Vaporiza e inhala tu vida.
Corta y exprime tus sueños.
Sacude y barre tus miedos.
Cuida y acaricia tus silencios.

Hablemos de besos desnudos,
pintemos amaneceres sin color,
susurremos vientos,
y después…
enloquezcamos.

Él toca su gélida mejilla
cuando sus ojos gritan
con lágrimas de despedida.
Sus pestañas tiemblan
cuando él con sus dedos
recorre su tristeza en su piel,
y su alma quiebra por su partida.
Adiós es lo único que sabe decir
porque su voz está rota y herida.
Miradas por última vez
para guardarlas en el cofre
de sus agridulces vidas.

VOSOTROS

Hay hombres libres
que enjaulan tu MENTE.

Hay hombres alegres
que enjaulan tu ALMA.

Hay hombres sanos
que enjaulan tu CUERPO.

Hay hombres cariñosos
que enjaulan tu CORAZÓN.

Pero siempre que te sepas valorar,
habrá hombres
que sepan dar alas
y apreciar
tu
AMOR.

ELLOS

Andando por mi sendero,
se cruzó un hombre sin equipaje.
Gentil y divergente por dentro,
huracán y polifacético por fuera.
Él navegó en mi interior,
donde vació mi vaso de mares en tempestad
y llenó mi copa de océanos turbulentos.

Planeo en un vuelo sin motor,
sin billete de regreso en un corto viaje,
en el que el piloto comparte conmigo
su manual para que pilotemos juntos
hasta la pista de aterrizaje.

Me subí sin paracaídas y sin equipaje,
y me sentí delicadamente libre
sin ningún tipo de bagaje.

Las turbulencias se impregnaron en mi piel,
pero mi razón obstaculizó el camino
para que no se colaran
hasta mi temeroso corazón.

El calor de tu sendero
abrasó todas mis zapatillas.

Ahora sólo quiero a quien muerda el asfalto
para que nos permita transitar descalzos,
y así podamos dejar nítidas huellas
en nuestro camino.

Es delicioso probar
tu mirada con mis labios,
porque no me atrevo
a penetrar en tus ojos azules
que respiran simulada calma.
Mi aliento esquiva tus cercanas
y perfectas palabras,
porque mi diccionario anda escaso
y me protege para que no te cueles
más allá de mi cama.

Quisiera molerte
para beber de tu dulce aroma,
porque me perturba el perfume
de la brisa fresca
que besa tu boca.
Sedienta,
te exprimiría hasta la última gota,
porque me esquivas
y eso me vuelve loca.

Quisiera dibujar con la luz
el arte de tu cuerpo,
fotografiar con mis manos
tus carcajadas,
y capturar en tarros de cristal
tus disimuladas miradas.

106

Riego mis labios
con tu sonrisa traviesa.
Mis pestañas enredadas
buscan refugio en tu mirada.
Mi corazón en soledad se atormenta,
pero contigo destella pinceladas azules
de un mar en calma.
Tus piernas perfiladas
son el cobijo de mi alma.
Y mis manos gritan
cuando sienten que te marchas.

Si no existieran las nubes,
no habría tormentas.
Si no existiera el mar,
no habría barcos.
Si no existiera el viento,
no habría velas.

Si no existieras tú,
no habría lluvia que me acariciara,
ni océanos que me sofocaran,
ni ventiscas que me avivaran.

Tu ausencia es dolorosa,
pero cada noche la poso sobre la tinta
que acaricia el papel de mi mesilla.

No hay mejor recuerdo
que soñarte con mis manos.
Pronto estaré de vuelta
para que mis sueños
despierten a tu lado.

Mis manos me suplican
soñar con los ojos abiertos
para saber que tú eres real.
Pero ¿por qué sigo teniendo miedos
si no puedo ponerte ningún pero?
Quizá terror a que cuando abriste tu pecho,
tu calor evaporó mis dudas,
y yo tuve pánico a plasmar
en el cristal seco todas mis heridas.
Quizá temor a continuar volando contigo,
cuando nunca encontré
a quien supiera agarrarme,
y no seguir teniendo pavor a las alturas.
Quizá me asustó nadar
en tu inmenso y cristalino océano,
y al sumergirme en tu oscuridad
no pueda encontrar en ti mi orilla.

Me entregaste un cuaderno
y el más bello de los pinceles
para bocetar nuestra historia de amor.

Ahora es doloroso
pasar una nueva página
y verlo todo en blanco.

¿Por qué despeinaste nuestro camino?

Si yo

escuchaba tus heridas con mis labios,
saboreaba tus enredos con mis cabellos
y acariciaba tu hiperactividad con mis colmillos.

Y tú

inhalabas mi sonrisa con tus pestañas,
borrabas mis ojeras con tus abrazos
y soplabas mis sarcasmos con tu mirada.

112

Buscamos un rincón
para bailar a solas
sin mirarnos.
Me destrozaste los pies,
destornillaste mis abrazos
y exprimiste cada una
de mis sonrisas con tus labios.

Tú fuiste quien me regaló palabras
que hicieron latir tan fuerte mi corazón
que lo oía por toda mi habitación.

                Pero también fuiste quien expiró aire frío
y congeló en un instante mis frenéticos latidos.

                ¿Sabes cuando has entregado tanto amor
que te han dejado vacío?
Así me siento yo,
tremendamente desgarrada
y sin latidos que llenen el eco
que pasa de puntillas sin hacer ruido.

Y aunque tu partida
me dejó un cielo de tormentas,
el ruido ya no me asusta,
y aunque en el camino haya barro,
voy ligera porque aprendí
                que con mucho equipaje
                no se puede danzar bajo la lluvia.

$$ELLOS = mc^2$$

CONTRACCIÓN

Un solo abrazo bastó para saber que tu disimulado dolor era
adictivo para mis manos.
Lo que mi piel tocó, bailaba al compás de tus actos.
Los dos compusimos melodías sin palabras:
tacto, silencio y miradas.

Y sí, pasó, me dejaste...
así que fue difícil aceptar que no fuiste valiente,
y eso enjauló durante mucho tiempo mi mente.

Entonces pude visualizar...
¿Cuán difícil es que fueras valiente
cuando yo ponía zancadillas incesantemente?
Y pude interiorizar...
¿Cuán difícil es fingir siempre ser perfecta
y no poder comunicar nunca lo que me atormenta?

Me perdí buscando sentido a tu partida
tamizando todas tus lágrimas,
y lo intenté superar esculpiendo razón a mi sensibilidad.
Y así seguía dando vueltas y vueltas
sabiendo que no merece la pena
dar razones a corazones adictivos, dañados y solitarios.
Ahora ha pasado tiempo y me es más fácil encontrarme,
y dejar de culparme, y ya no solo eso, dejar de culparnos.

Cuando uno está roto, debe ser dueño de sus fracturas
y saber que no hay pegamento en otros que curen,
sino regalarse amor propio
para que cicatrices y no supures.

Creo que ansiamos ser fuertes
y algunos luchamos para llenar un vacío
que nunca se colma.
¿Qué podría pasar si navegáramos en nuestra vulnerabilidad?
¿Conseguiríamos colmar ese agujero
que penetra en las anclas de las personas que idealizamos, para
cubrir necesidades que proyectamos y no nos damos?
Y yo me pregunto:
¿Cómo amar de verdad, si no somos conscientes
de que nuestras máscaras proyectan terror por abrirse
a quien pudiera compartir con nosotros toda su alma?

P.d.: -Y recuerda, quien hace repicar un corazón herido, también
puede llegar un día a silenciarlo-.
Y sí, el amor es para los valientes, porque el miedo a sufrir
siempre estará presente.

EXPANSIÓN

Cuando abracé mi corazón silente
llamó a mi puerta un alma sin toque de queda.
Mi mundo pretérito se transformó en gerundio
y mi vida dejó de dibujar en blanco y negro
para colorear verdad en mis espejos.

Lejos de mis manos tú me regalaste presente,
miradas pixeladas y 40 variedades de verde.
Me enseñaste que no hay distancia
cuando un corazón se abre,
que no hay soledad entre almas
y que en la acción entre ventrículos y aurículas
reside una de las claves de la vida.

En nuestros encuentros
a veces sumergida en mis fríos laberintos de oscuridad,
tu presencia a lo lejos me ofrecía antorchas cálidas
y llenas de claridad.
Y cuando a tu lado me descubrí desnuda
y sumergida en sabores, escucha y tacto
con los ojos cerrados,
me mostraste que no solo reside la belleza en tu exterior sino
también en tu doloroso y mágico caos interior.

Gracias por ser el cazo de la fuente del cual ir bebiendo para
aprender por mí misma a llenar mis vacíos.

Y aunque las ausencias nos despierten nuestras heridas,
es maravilloso ver como las acogemos
y aprendemos de ellas día tras día.

Que el dolor también es vida
y que cuando danzamos con ello
nos brinda la oportunidad de sentir y experimentar
para expandirnos y aprender a amar, escuchar y contemplar.

ELLAS

(L&L&A)
El agua aprendió a volar
para que el aire pisara fuerte
y ayudara a la tierra
a nadar a contracorriente.
Nada es imposible
cuando tres elementos se unen
y crean magia constantemente.

10 l de cubos de llantos he derramado,
pero guardo 100 kg de risas
que me habéis regalado.
Por eso, amigas, espero recorrer con vosotras
más de 1000 km de sueños elaborados.

Agradecimientos

Eternamente agradecida a toda o todo aquel que ha llegado hasta aquí y me ha acompañado en este metafórico viaje. A los que permanecen siempre, a quienes se fueron, a los recién llegados y a quienes vendrán, ya que muchas y muchos de ellas y ellos se convirtieron en mis maestras y maestros, para inspirar a mi corazón y mis manos a retratar las palabras en bocetos y moldear esta íntima obra.

Agradezco a esa Ari que se sumergió en su interior y expuso valiente su pasado, para encontrarse en ella todo y nada, para comprender que todas esas historias siguen viviendo dentro de ella, y que paradójicamente nada de ellas ya existe. Que a veces la vida nos la comemos a besos y otras veces la vida nos come por dentro. Simplemente ES y cada uno la interpreta a su manera. Que cuando me miro en todos los poemas ya no me reconozco, porque mañana ya no seré la misma. Pero aprendí a amar todos mis textos, porque me ayudaron a dejar de aferrarme y a extender mis manos para acoger nuevos comienzos.

Sobre la autora

En la trayectoria literaria de Ari Urbano muchas experiencias tatuaron en su cuerpo la atracción por la lectura. Aunque en un principio las letras bailaban en su mente por la magia de la dislexia, nunca fue un problema para enamorarse a edades tempranas de autores como William Shakespeare y más adelante de libros de Oscar Wilde que le marcaron, creando un imaginario más allá de su realidad. En un momento crucial de su vida descubrió a Elvira Sastre, que le volcó luz para sentirse acompañada en el camino.

Ari es creativa, pasional y dinámica, y su gran curiosidad le ha empujado a destilar creencias y liberarse de nudos emocionales que no le dejaban expresar. Un día cualquiera, respirando dolor, cogió un lápiz y la escritura la descubrió. Los poemas se convirtieron en sus aliados, que vaciaban enredos entre su corazón y su mente, cuyo canal le sirvió para desnudar y tocar su intimidad, deshojando historias ya marchitas.

Si queréis encontrar más pedazos de ella, os reta a localizar uno de sus poemas en los pasos de cebra del proyecto Versos al Paso, que impulsó el Ayuntamiento de la Comunidad de Madrid, en el cual participó en el año 2018 y fue una de las tantas seleccionadas para decorar sus transitadas calles.

Intervino en una bonita iniciativa de una editorial sevillana en días de confinamiento, y su relato sobre el COVID-19 fue uno de los elegidos para formar parte de un libro que se llamó *Historias del confinamiento: 97 relatos, 97 días de confinamiento.*

Ahora la vida de Ari se abre a la experiencia, a compartir, vibrar y evolucionar. La escritura se ha convertido en una compañera de viaje, una construcción que le evoca un nuevo lenguaje de sentir, ver y vivir desde el interior, para transmitirlo a quien quiera acogerlo y disfrutar de esta pasión.

Índice

Prólogo 11

YO 12

    Despeinada 13
    Peinada 14
    Seco 15
    Húmedo 16
    Áspero 17
    Suave 18
    Sola en mi soledad 19
    Creciendo en mi soledad 20
    Sal 21
    Azúcar 22
    Lija 23
    Algodón 24
    Desteñir 25
    Colorear 26
    Barra espaciadora 27
    Intro 28
    Desorden 29
    Orden 30
    Pasado 31
    Futuro 32
    Estruendo 33
    Sigilo 34

YO^2 35

TÚ 43

TU otra mitad 48

ÉL 56

ELLA 77

ELLO 84

NOSOTROS 88

VOSOTROS 97

ELLOS 99

ELLOS = mc^2 115

ELLAS 120

Agradecimientos 122

Sobre la autora 123